Sabine Werner

Diebstahl in Hamburg

Illustriert vo [illegible] o

Redaktion: Claudia Corrias
Künstlerische Leitung und Gestaltungskonzept: Nadia Maestri
Computerlayout: Carlo Cibrario-Sent, Simona Corniola
Bildbeschaffung: Alice Graziotin

Erstausgabe: Januar 2014

Fotonachweis: Istockphoto; Dreams Time; Shutterstock Images; DeAgostini Pictures Library: 16u; Getty Images: 31ul; DeAgostini Pictures Library: 40o; © Stefan Sauer/dpa/Corbis: 42; © Konrad Wothe/LookImages/Cuboimages: 54; © Karl Johaentges/ LookImages/Cuboimages: 55o; Beate Zoellner/Tips Images: 55u; © Sabine Lubenow/LookImages/Cuboimages: 56o; © Konrad Wothe/LookImages/Cuboimages: 56u; Getty Images: 57; © BIM DISTRIBUZIONE/WebPhoto: 66, 67.

Wir würden uns freuen, von Ihnen zu erfahren, ob Ihnen dieses Buch gefallen hat. Wenn Sie uns Ihre Eindrücke mitteilen oder Verbesserungsvorschläge machen möchten, oder wenn Sie Informationen über unsere Verlagsproduktion wünschen, schreiben Sie bitte an:
info@blackcat-cideb.com
www.blackcat-cideb.com

Member of CISQ Federation
RINA
ISO 9001:2008
Certified Quality System

The design, production and distribution of educational materials for the CIDEB brand are managed in compliance with the rules of Quality Management System which fulfils the requirements of the standard ISO 9001 (Rina Cert. No. 24298/02/S - IQNet Reg. No. IT-80096)

ISBN 978-88-530-1430-6 Buch + CD

Gedruckt in Genua, Italien, bei Litoprint

Inhalt

FIT 1 Übungen zur Vorbereitung der Prüfung Fit in Deutsch 1.

Die CD enthält den vollständigen Text.

Das Symbol kennzeichnet den Anfang der Hörübungen.

Darsteller

Von links nach rechts von oben nach unten: **Susan, Patrick, Kommissar Horst Schulz, Herr Marius Weiß, John Mitchell und seine Kumpel**

Vor dem **Lesen**

1 Diese Wörter findest du im Kapitel 1. Verbinde Wort und Bild.

a Ausstellung
b Labor
c Marionettentheater
d Matjes
e Handy
f Hamburger National

1

2

3

4

5

6

KAPITEL 1

Im Restaurant

Susan guckt auf Patricks Teller und fragt: „Was ist das?"

„Hamburger National, eine Spezialität von Hamburg. Möchtest du probieren?"

„Nein, nicht jetzt, danke. Ich esse gerade eine große Portion Matjes."

Susan ist 15 und kommt aus den USA. Sie ist erst seit einer Woche in Deutschland. Sie nimmt an einem Schüleraustausch teil. Sie hat Glück gehabt. Patrick ist nett, seine Eltern sehr freundlich und die Stadt wunderbar. Außerdem isst Susan sehr gern und Patricks Vater hat ein Restaurant. Es liegt in der Stadtmitte.

„Schmeckt es dir?", fragt Patricks Vater.

„Alles schmeckt sehr gut", antwortet Susan.

„Dein Akzent ist jetzt sehr gut."

„Danke, Herr Weiß."

„Bitte sag nicht Herr zu mir. Ich bin nicht so alt! Du kannst mich Marius nennen!“

Ein Mann sitzt an einem Tisch in der Ecke. Er heißt Horst Schulze und er ist ein Kommissar. Er hat gehört, was Herr Weiß gesagt hat und lacht.

„So jung bist du doch nicht, Marius, du alter Sack!“

Auch Marius lacht und antwortet:

„Ich bin erst 30 Jahre älter als Patrick und Susan. Horst, möchtest du ein Stück Kuchen?“

„Danke Marius, aber ich kann nicht. Ich habe schon so viel gegessen...“

Horst hat eigentlich zu viel gegessen. Er weiß, er isst zu viel. Deshalb ist er ein bisschen fett.

„Ich soll weniger essen“, sagt er oft. Aber er mag essen.

Mario bringt ihm einen Espresso. Er trinkt ihn und denkt nach. Er denkt an einen Diamanten, den Wunderbaren, den schönsten Diamanten der Welt.

Marius setzt sich neben ihn. „Bist du besorgt?“, fragt er.

„Ja, ich behandle im Moment einen schwierigen Fall [1]. Jemand hat den Diamanten, den Wunderbaren, gestohlen“, sagt der Kommissar. „Der Besitzer ist auf die deutschen Polizisten böse. Er wird dem 10000 Euro geben, der seinen Diamanten findet.“

„Super!“, rufen Patrick und Susan gleichzeitig aus.

„Denkt bloß nicht, dass ihr den Diamanten finden könnt“, sagt der Kommissar. „Jemand hat ihn gestohlen und er ist jetzt wahrscheinlich in einem anderen Land, vielleicht in einem anderen Kontinent. Aber wenn ihr zufällig etwas entdeckt, ruft mich bitte an. Ich gebe euch meine Telefonnummer.“

Patrick schreibt die Telefonnummer in sein Handy.

1. **Fall**: ein Verbrechen (Kriminalfall), das der Kommissar aufklären muss.

„Mit 10000 Euro kann ich ein Pferd kaufen“, sagt Susan.

„Ein Pferd? Magst du Pferde?“, fragt Patrick.

„Ja, sehr. Und du?“

„Ich mag Pferde, aber ich mag Marionetten lieber. Mit 5000 Euro kann ich die Sammlung[2] von Papa Schmidt kaufen.“

„Papa Schmidt?“

„Ja, er hat das erste Marionettentheater in München gegründet[3]“, erklärt Marios Vater. „Sein Erbe[4], Papa Schmidt Junior, war für Patrick ein Freund. Patrick ist oft in sein Labor gegangen. Leider ist Papa Schmidt Junior vor sechs Monaten gestorben. Ein Amerikaner hat seine Sammlung und sein Labor gekauft.“

„Die Marionetten sind im Museum für Hamburgische Geschichte. Für eine letzte Ausstellung“, sagt Patrick. „Morgen fliegt alles in die USA. Warum gehen wir nicht ins Museum?“, schlägt er Susan vor. „Es gibt um 19:30 Uhr ein Marionettenschauspiel. Willst du es sehen?“ „Ich bin noch nie bei einem Marionettenschauspiel gewesen“, antwortet Susan, „und...“

Marius' Vater unterbricht sie:

„Willst du heute Abend ins Museum gehen? Bist du verrückt?! Heute Abend ist das letzte Spiel des Hamburger SV.“

„Vati“, antwortet Patrick, „du weißt, dass mich Fußball nicht interessiert.“

„Du magst Marionetten lieber.“

„Genau.“

„Na gut.“

2. **Sammlung**: eine größere Anzahl von Gegenständen, wie zum Beispiel von Briefmarken.
3. **gründen**: neu schaffen.
4. **Erbe**: die spätere, folgende Generation.

Was steht **im Text?**

Textverständnis

1 Lies das Kapitel durch und wähle die richtige Lösung.

1 Susan kommt aus
- a ☐ den USA.
- b ☐ Großbritannien.
- c ☐ Australien.

2 Sie ist mit Patrick in
- a ☐ Hamburg.
- b ☐ Berlin.
- c ☐ München.

3 Marius, Patricks Vater, hat
- a ☐ eine Kneipe.
- b ☐ ein Restaurant.
- c ☐ ein Fastfood-Restaurant.

4 Horst Schulz ist
- a ☐ ein Polizist.
- b ☐ ein Wärter.
- c ☐ ein Kommissar.

5 Der Wunderbare ist
- a ☐ ein Gemälde.
- b ☐ eine Skulptur.
- c ☐ ein Diamant.

6 Im Labor von Papa Schmidt gibt es
- a ☐ Puppen.
- b ☐ Marionetten.
- c ☐ Hunde.

7 Patrick möchte mit Susan ..... gehen.
- a ☐ ins Museum
- b ☐ ins Stadion
- c ☐ ins Theater

8 Der Fußballclub heißt
- a ☐ Hamburger SV.
- b ☐ Hamburg Club.
- c ☐ Hamburgy.

9 Wann fliegt die Marionettensammlung in die USA?
- a ☐ Morgen.
- b ☐ Nächste Woche.
- c ☐ Nächsten Monat.

10 Patrick mag
- a ☐ Fußball.
- b ☐ Marionetten.
- c ☐ Theater.

Hörverständnis

3 **2 Wer sagt was? Höre, was Patrick, Susan, Marius, Horst sagen und schreibe den richtigen Namen.**

1 ....

2 ....

3 ....

4 ....

Wortschatz

FIT 1 **3** **Verbinde das Wort mit dem richtigen Satz.**

a Vorspeise
b Suppen
c Salat
d Dessert
e Hauptspeise
f Beilagen

1 ☐ Das ist oft Fleisch oder Fisch.
2 ☐ Gemüse oder Pommes Frites.
3 ☐ Kuchen, Torten oder auch ein Pudding.
4 ☐ Es kann mit Tomaten oder Gurken oder auch aus Kartoffeln sein.
5 ☐ Mann isst es ganz am Anfang.
6 ☐ Man isst sie normalerweise warm.

FIT 1 **4** **Wähle die richtige Alternative.**

1 In diesem Restaurant gibt es
a ☐ keinen freien Tisch.
b ☐ keinen freien Schreibtisch.
c ☐ keine freie Tafel.

2 Es gibt keine große Auswahl in
a ☐ diesem Menu.
b ☐ dieser Liste.
c ☐ diesem Inhalt.

3 Ich möchte ein Stück
a ☐ Kochen.
b ☐ Torte.
c ☐ Tarte.

4 Kann ich ein Glas .... haben?
a ☐ Wasser
b ☐ Waser
c ☐ Water

5 Der .... bringt die Rechnung.
a ☐ Kelner
b ☐ Keller
c ☐ Kellner

6 Er möchte
a ☐ zählen.
b ☐ bezahlen.
c ☐ bezahlt.

Grammatik

Perfekt

Man verwendet das Perfekt, wenn man über etwas spricht, was vergangen ist. Man bildet das Perfekt mit den Hilfsverben *haben* und *sein* + Partizip Perfekt.

haben / sein + *ge* + verb + *t*

Ich habe gelernt. (lernen → gelernt)

Er hat gehört. (hören → gehört)

Er hat das erste Marionettentheater in München gegründet. (gründen → gegründet)

5 Schreibe die Sätze im Perfekt.

Marie arbeitet in einer Schule. → *Marie hat in einer Schule gearbeitet.*

1 Martin macht die Hausaufgaben.

....

2 Die Kinder spielen im Garten.

....

3 Meine Eltern kochen zusammen am Sonntag.

....

4 Es regnet viel.

....

5 Was kaufst du?

....

6 Sie lieben mich sehr.

....

7 Er sagt kein Wort.

....

Schreiben

FIT 1 **6** Du bekommst von einem Freund/einer Freundin diese E-Mail. Schreib zu jedem Punkt mindestens einen Satz.

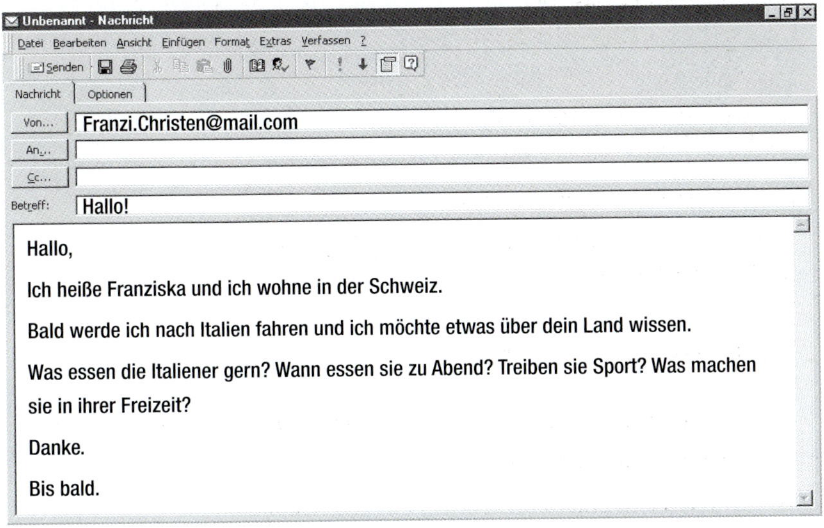
Unbenannt - Nachricht

Von... Franzi.Christen@mail.com

An...

Cc...

Betreff: Hallo!

Hallo,

Ich heiße Franziska und ich wohne in der Schweiz.

Bald werde ich nach Italien fahren und ich möchte etwas über dein Land wissen.

Was essen die Italiener gern? Wann essen sie zu Abend? Treiben sie Sport? Was machen sie in ihrer Freizeit?

Danke.

Bis bald.

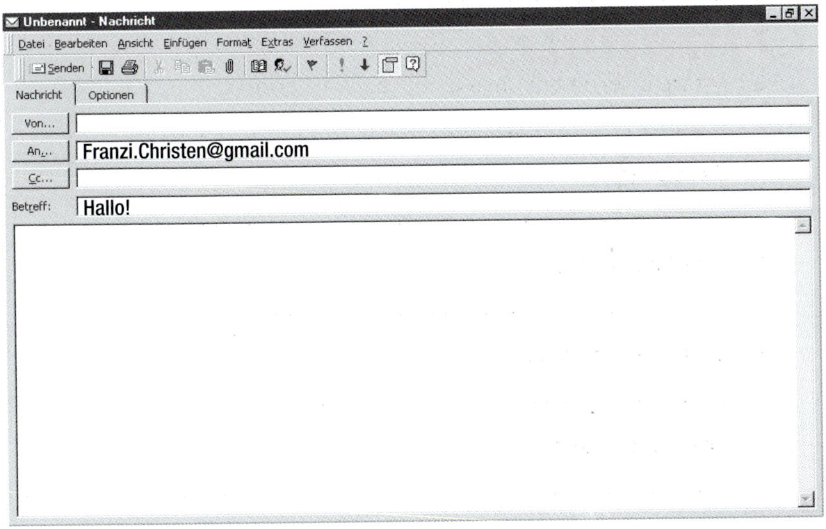
Unbenannt - Nachricht

Von...

An... Franzi.Christen@gmail.com

Cc...

Betreff: Hallo!

Mündung der Alster in die Elbe.

Hamburg

Hamburg ist eine Stadt, aber auch ein Land der Bundesrepublik Deutschland. Diese Stadt hat über 1,8 Millionen Einwohner und ist die zweitgrößte Stadt Deutschlands.

Hamburg ist nicht nur ein wichtiges wirtschaftliches Zentrum. Es ist auch eine Weltstadt, reich an kulturellen Angeboten und vielen grünen Oasen.

Wo

Hamburg liegt in Norddeutschland, wo die Alster und die Bille in die Elbe münden.

Die Elbe durchfließt Hamburg und verbindet die Hansestadt mit der Nordsee.

Hamburg-Altstadt: das Rathaus.

Die Elbe ist ein langer Fluss, der 110 km weiter nordwestlich in die Nordsee fließt.
Diese Lage (die Nähe zur Elbmündung) machte Hamburg bereits im Mittelalter zu einer der wichtigsten Handelsstädte Europas.

Die Altstadt

Im zentralen Stadtteil „Hamburg-Altstadt" kann man viele der Sehenswürdigkeiten von Hamburg sehen.
Das Rathaus (1897) ist der Sitz vom Senat und der Bürgerschaft. Es ist einer der prunkvollsten Bauten in Hamburg. Das Vorbild für das Rathaus war der Markusplatz in Venedig.
In der Altstadt sind auch zwei schöne Kirchen: die älteste Kirche der Stadt, St Petri, und die Kirche St. Michaelis. Die Hamburger nennen sie kurz „Michel". Es ist das Wahrzeichen der Freien Hansestadt Hamburg. Im Inneren ist St. Michaelis eine der schönsten Barockkirchen in Norddeutschland.

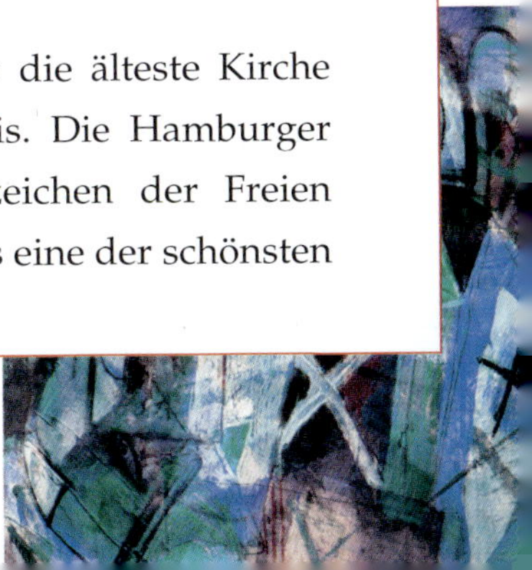

Hamburg: der Hafen.

Der Hafen

Der Hamburger Hafen ist der größte Seehafen Deutschlands und einer der zehn größten Containerhafen der Welt.

Die Geschichte vom Hamburger Hafen beginnt im 12. Jahrhundert, aber erst nach der Entdeckung Amerikas im 16. Jahrhundert wird er einer der wichtigsten Häfen in Nordeuropa und wird „Tor zur Welt" genannt.

Wenn man Fisch kaufen möchte, kann man frischen Fisch am legendären Altonaer Fischmarkt kaufen.

Er hat eine lange Tradition und ist schon seit 1703 jeden Sonntagmorgen geöffnet.

Shoppen

Die Mönckebergstraße ist die Hauptgeschäftsstraße von Hamburg. Sie ist über einen Kilometer lang. Hier kann man natürlich „shoppen", aber auch die schönen und architektonisch interessanten Kontorhäuser sehen.

Ein Kontorhaus.

Radtour auf dem Elbwanderweg.

Elbufer

Es ist schön, die Elbe entlang zu spazieren oder Rad zu fahren.
Der Elbwanderweg, vom Stadtzentrum bis nach Wedel, ist 23 Kilometer lang. Und an der Strecke gibt es so viel zu sehen – den Fischmarkt, die Landungsbrücken, die Schiffe und die großen Pötte (die über 100 Häfen anlaufen), die vorbeiziehen – so dass zwei Tage nicht genug sind.
Mann kann auch die Fähre nehmen.

Der Tierpark

Hagenbecks Tierpark ist heute der größte und schönste Privatzoo in Deutschland. Er war auch der erste Tierpark der Welt.
Hier gibt es keine Gitterstäbe. Die Tiere sind also nur noch durch Gräben und Mauern vom Besucher getrennt.
Hier leben 2500 Tiere auf einem 27 Hektar großen Gelände.
Man kann sibirische Tiger, indische Elefanten und Orang-Utans beobachten.

FIT 1 **1 Richtig oder falsch?**

		R	F
1	Hamburg ist eine Stadt und ein Land Deutschlands.	☒	☐
2	Hamburg hat fast 2 Millionen Einwohner.	☒	☐
3	Es ist die größte Stadt Deutschlands.	☐	☒
4	Es liegt in Norddeutschland.	☒	☐
5	Der Rhein durchfließt Hamburg.	☐	☒

2 Beantworte folgende Fragen über Hamburgs Altstadt.

1 In der Hamburger Altstadt gibt es viele Sehenswürdigkeiten. Was ist das Rathaus?
2 Was war das Vorbild für das Rathaus?
3 Wie heißt die älteste Kirche der Stadt?
4 Wie nennen die Hamburger St. Michaelis?

3 Wähle die richtige Lösung.

1 Der Hamburger Hafen ist
- a ☐ der größte Seehafen Deutschlands.
- b ☐ der größte Seehafen Europas.
- c ☐ der größte Seehafen der Welt.

2 Die Geschichte vom Hamburger Hafen beginnt
- a ☐ im 11. Jahrhundert.
- b ☐ im 12. Jahrhundert.
- c ☐ im 14. Jahrhundert.

3 Wenn man Fisch kaufen möchte, kann man frischen Fisch .... kaufen.
- a ☐ an einem neuen Fischmarkt
- b ☐ an einem Fischmarkt mit langer Tradition
- c ☐ an einem Fischmarkt in der Stadtmitte kaufen.

4 In der Mönckebergstraße kann man shoppen und .... sehen.
- a ☐ Kirchen
- b ☐ Häuser
- c ☐ Schlösser

5 Man kann .... die Elbe entlang spazieren.
- a ☐ stundenlang
- b ☐ tagelang
- c ☐ wochenlang

6 Hagenbecks Tierpark war .... Tierpark der Welt.
- a ☐ der erste.
- b ☐ der zweite.
- c ☐ der dritte.

Vor dem **Lesen**

1 Diese Wörter findest du im Kapitel 2. Verbinde Wort und Bild.

a Schulter
b Bildschirm
c Gebäude
d Museum
e Spinnengewebe
f Staub

1 ☐

2 ☐

3 ☐

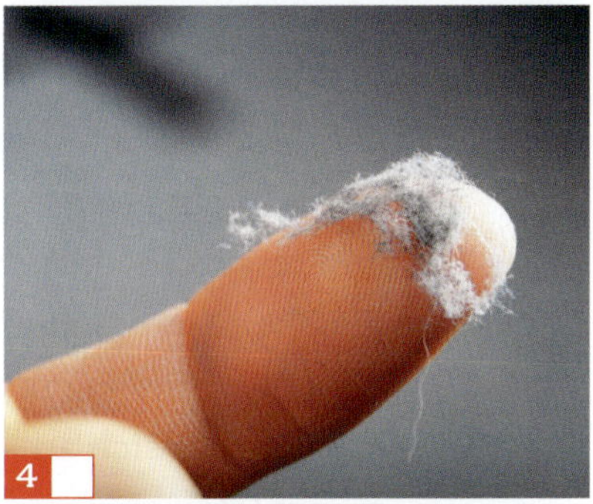
4 ☐

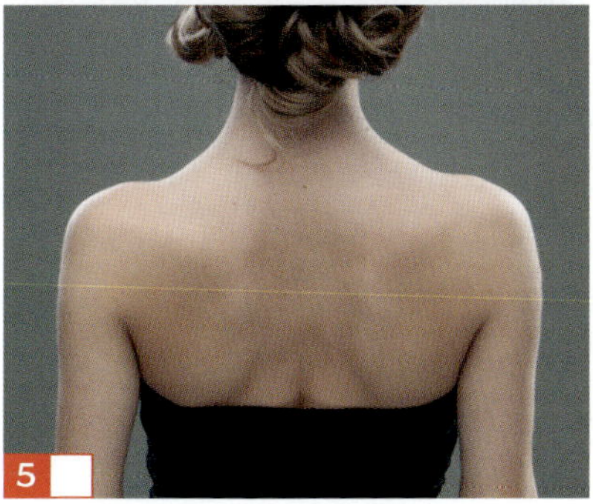
5 ☐

6 ☐

KAPITEL **2**

Im Museum

Patrick und Susan sind im Museum für Hamburgische Geschichte. Sie sind nicht allein. Viele Leute sind ins Museum gekommen. Sie wollen zum letzten Mal die Sammlung von Papa Schmidt sehen. Die Marionetten sind in einem kleinen Theater im zweiten Stock. Auf Bildschirmen sind kurze Schauspiele zu sehen.

Susan schaut sie sich an.

„Du magst Marionetten“, ruft Patrick aus. „Du sagst nicht mehr, dass...?“

„Shh, lass mich hören, bitte“, unterbricht ihn Susan.

Alle drei Minuten wird der Bildschirm schwarz und ein neues Schauspiel beginnt.

„Das ist echt super“, sagt Susan.

„Komm mit! Ich will dir etwas zeigen.“

In einer Ecke sitzt eine Marionette, ganz allein.

„Das ist Otto“, sagt Patrick.

„Der sieht aber schlecht aus!“

„Ein bisschen Respekt, Susan. Der ist über 200 Jahre alt.“

„200 Jahre?!“

„Ja, das ist keine Kopie. Das ist ein Original. Papa Schmidt hat sie 1808 gemacht. Das war seine Lieblingsmarionette. Morgen fliegt sie aber in die USA. Leider.“

Patrick guckt auf die Uhr.

„Wir haben das Museum gesehen. Jetzt können wir ins Labor von Papa Schmidt gehen.“

Eine halbe Stunde später sind Patrick und Susan vor dem Gebäude, wo das Labor von Papa Schmidt ist. Patrick klopft an die Tür. Keiner kommt. Die Tür ist aber offen.

„Wir haben Glück. Die Tür ist offen“, sagt Patrick.

„Aber...“

„Kein aber. Die Tür ist offen und wir gehen rein. Ich fühle mich hier wie zu Hause.“

„Bist du sicher?“, fragt Susan.

„Ja, ganz sicher“, antwortet Patrick.

Die zwei treten ins Labor ein.

Patrick macht das Licht an und Susan guckt sich um. Sie hat noch ein bisschen Angst.

Überall sind Staub und Spinnennetze.

„Ist hier jemand?“, fragt Patrick.

Keine Antwort.

„Setz dich hin“, sagt Patrick. „Ich komme gleich.“

„Ist jemand da?“, fragt Patrick.

Keiner antwortet.

Patrick geht hinter einen Vorhang.

KAPITEL 2

„Was machst du da?“, fragt Susan.

„Moment mal!“

Nach einer Minute kommt Patrick hinter dem Vorhang hervor. Er hat eine Marionette in der Hand. Er bewegt[1] sie und sagt:

„Hallo Susan. Hier bin ich...“ Er spricht mit einer lustigen Stimme, der Stimme einer... Marionette!

„Ha, das ist lustig!“, ruft Susan.

Sie steht auf.

„Ich will das auch machen. Was meinst du? Gibt es keine andere Marionette?“

„Ich weiß nicht. Warum suchst du sie nicht?“

Susan geht im Labor herum und findet etwas auf einem Tisch. Das ist aber keine Marionette, sondern Stücke einer Marionette: Füße, Hände, ein Finger...

„Was ist denn das!?“, fragt sie. „ Komm und sieh mal, Patrick.“

Patrick geht zum Tisch.

„Hier hat jemand gearbeitet“, sagt Susan.

„Ja, und vor nicht langer Zeit.“

„Es ist komisch, oder?“

„Ja, sehr komisch.“

Patrick betrachtet, was auf dem Tisch liegt.

„Du hast Recht. Jemand war hier und hat diese Instrumente verwendet oder gebraucht. Und schau hier! Das ist der Kopf einer...“

In dem Moment kommen drei Männer ins Labor herein.

„Wer seid ihr?“, fragt einer von ihnen. Er hat einen amerikanischen Akzent.

1. **bewegen**: die Lage oder die Stellung von etwas verändern.

KAPITEL 2

„Das muss der Mann sein, der die Sammlung von Papa Schmidt gekauft hat“, denkt Patrick.

„Es tut mir Leid. Ich bin Patrick, Patrick Weiß. Papa Schmidt war ein Freund von mir und ich wollte meiner Freundin Susan die Sammlung zeigen.“

„Ihr dürft hier nicht bleiben“, sagt der Amerikaner. „Ich bin John Mitchell und das ist mein Labor.“

„Ich... ich...“, versucht Patrick zu sagen. Aber die anderen zwei Männer schieben [2] Susan und Patrick nach draußen.

Jetzt sind Susan und Patrick auf der Straße.

„Die zwei sind nicht sehr nett“, sagt Susan.

„Nicht sehr nett? Sie sind schrecklich!“

Als sie weit weg vom Labor sind, nimmt Patrick etwas aus der Tasche: Ottos Kopf!

„Du bist verrückt!“, ruft Susan. „Warum hast du den mitgenommen?“

“Verstehst du nicht? Das ist Ottos Kopf.“

„Und der vom Museum?

„Genau... Eine Marionette kann nicht zwei Köpfe haben. Ich will verstehen, welcher der richtige ist und warum sie zwei Köpfe hat.“

2. **schieben**: gegen etwas drücken.

Was steht **im Text?**

Textverständnis

1 Richtig oder falsch?

		R	F
1	Susan und Patrick sind allein im Museum.		
2	Susan und Patrick sehen Statuen und Gemälde.		
3	Einige Marionetten sind sehr alt.		
4	Das Labor von Papa Schmidt ist sehr klein.		
5	Drei Männer treten ins Labor ein. Sie sind Italiener.		

2 MUSEEN. Verbinde die Beschreibung mit dem richtigen Bild.

1 ☐

2 ☐

3 ☐

4 ☐

a Das ist eines der neuesten Museen von Hamburg. In diesem Museum geht es um Arbeit und den Alltag der Menschen in den letzten 150 Jahren.

b Das ist das wichtigste Museum der Stadt. Es hat bis heute das 19. Jahrhundert (die Werke aus der Romantik) als Schwerpunkt.

c Es wird kurz MiWuLa genannt und ist die größte Miniatureisenbahnanlage der Welt.

d Hier wird die Stadtgeschichte lebendig. Die Geschichte der Hansestadt. Alle Phasen der Geschichte werden hier in diesem Museum dargestellt.

Wortschatz

FIT 1 **3** **Wähle das richtige Adjektiv.**

1 Susan mag die Filme mit den Marionetten. Sie ist
- a ☐ müde.
- b ☐ interessiert.
- c ☐ aktiv.

2 Patrick will Susan das Labor von Papa Schmidt zeigen. Er ist
- a ☐ zufrieden.
- b ☐ durstig.
- c ☐ müde.

3 Die Marionetten fliegen in die USA. Patrick ist
- a ☐ traurig.
- b ☐ zufrieden.
- c ☐ interessiert.

4 John Mitchell trifft Patrick und Susan im Labor. Er ist
- a ☐ zufrieden.
- b ☐ unzufrieden.
- c ☐ böse.

5 Susan sieht, dass Patrick den Kopf der Marionette mitgenommen hat. Sie ist
- a ☐ zufrieden.
- b ☐ überrascht.
- c ☐ traurig.

6 Patrick findet den Kopf der Marionette
- a ☐ uninteressant.
- b ☐ komisch.
- c ☐ hässlich.

7 Susan und Patrick finden John Mitchell und seine Kumpel
- a ☐ sehr nett.
- b ☐ sehr hübsch.
- c ☐ unsympathisch.

8 Susan findet Patrick ...., weil er die Marionette genommen hat.
- a ☐ phantastisch.
- b ☐ interessant.
- c ☐ verrückt.

FIT 1 **4** **Wähle das richtige Wort.**

1 .... ist das Museum geöffnet?
a ☐ Wo **b** ☐ Um wie viel Uhr **c** ☐ Wohin

2 Jeden Tag .... 10 bis 7.
a ☐ im **b** ☐ um **c** ☐ von

3 „............. kostet die Eintrittskarte?" „5 Euro."
a ☐ Wie viel **b** ☐ Wie lange **c** ☐ Wie

4 .... es spezielle Preise für Studenten?
a ☐ Hat **b** ☐ Ist **c** ☐ Gibt

5 Man .... das Museum allein oder mit anderen Leuten besichtigen.
a ☐ kann **b** ☐ darf **c** ☐ will

6 Am Montag ist der Eintritt ....
a ☐ null **b** ☐ frei **c** ☐ free

7 Ich .... das Museum besichtigen.
a ☐ möchte **b** ☐ gebe **c** ☐ möge

Grammatik

Trennbare Verben

Trennbar sind Verben mit folgenden Präfixen:
ab-, an-, auf-, aus-, bei-, ein-, los-, mit-, nach-, her-, hin-, vor-, weg-, zu-, zurück

Diese Präfixe stehen im Präsens (und anderen Formen) getrennt vom Verb, meist am Ende des Satzes.

Die zwei treten ins Labor ein. Patrick macht das Licht an.

5 **Bilde Sätze mit den trennbaren Verben.**

Ich / aufstehen / um 8 Uhr. → Ich stehe um 8 acht Uhr auf.

1 Wir / anrufen / unseren Freund
2 Wer / ausgehen?
3 Sie / eintreten / ins Museum
4 Du / zuhören / mir?
5 Ihr / aufwachen / spät
6 Meine Freunde / weggehen / jetzt

6 **Wähle die richtige Alternative.**

1 Ich gehe ins Bett. Erst
   a ☐ mache ich die Tür zu.   b ☐ mache ich die Tür auf.

2 Wen
   a ☐ rufst du an?   b ☐ rufst du aus?

3 Wir gehen bald
   a ☐ weg.   b ☐ an.

4 Ich ziehe meine neuen Schuhe
   a ☐ auf.   b ☐ an.

5 Der Zug fährt um 8
   a ☐ um.   b ☐ ab.

6 Marta räumt ihr Zimmer
   a ☐ an   b ☐ auf

Schreiben

FIT 1 **7** **Beschreibe in einer E-Mail an einen Freund / eine Freundin einen speziellen Tag.**

Rote Grütze

Hamburger Spezialitäten

Franzbrötchen

Ein süßes Backwerk, es ist ein Hefegebäck mit viel Zucker und Zimt. Es gibt Variationen von Franzbrötchen mit Schokoladenstücken oder Schinken oder Käse.

Rote Grütze

Die klassische Rote Grütze ist eine Spezialität aus Norddeutschland und Skandinavien. Sie besteht aus gekochten Himbeeren, Kirschen und roten und schwarzen Johannisbeeren. Man kann rote Grütze kalt als Dessert essen und mit Milch, Vanillesauce oder Sahne servieren.

Matjes

Man kann den Hering in vielen Variationen servieren. Der hier heißt Matjes. Das ist noch junger, sehr zarter Hering.

Er wird oft mit Kartoffeln und Bohnen oder mit einem Dressing serviert.

Hamburger National

Weit verbreitet in Norddeutschland ist Hamburger National, ein Eintopf aus Steckrüben, Rindfleisch und Kartoffeln. Es heißt in Hamburg „Hamburger National", in anderen Städten „Lübecker National" oder „Rübenmalheur".

1 Welche Spezialität ist das?

1 Es ist ein Eintopf aus verschiedenen Zutaten. ....

2 Es gibt Variationen mit Schokoladenstücken oder Käse. ....

3 Das ist eine Spezialität aus Norddeutschland und Skandinavien. ....

4 Er wird oft mit Kartoffeln und Bohnen serviert. ....

5 In einer anderen Stadt heißt es Rübenmalheur. ....

6 Es ist ein sehr zarter Hering. ....

7 Es ist ein süßes Backwerk. ....

8 Man kann es mit Milch, Vanillesauce oder Sahne servieren. ....

Vor dem **Lesen**

1 Verbinde die Wörter mit den Bildern.

a Ausgang
b Wärter
c Treppe
d Stock
e Gasse
f Museumsgeschäft

1 ☐

2 ☐

3 ☐

4 ☐

5 ☐

6 ☐

KAPITEL 3

In der Stadt

Patrick und Susan sind wieder im zweiten Stock vom Museum.

Es sind noch viele Besucher im Saal. Es ist Viertel vor sechs und das Museum macht in einer Viertelstunde zu. Patrick beobachtet Otto.

„Was denkst du?", fragt Susan.

„Ich weiß nicht. Ich muss die Marionette aus der Nähe sehen", antwortet Patrick.

„Das Museum macht in zehn Minuten zu. Gehen Sie bitte zum Ausgang", sagt der Wärter.

Die letzten Besucher gehen aus dem Saal. Einige gehen zum Museumsgeschäft.

Patrick und Susan gehen auch. Aber sie gehen nicht die Treppen hinunter. Sie gehen den Korridor entlang. Patrick macht eine Tür auf. Auf der Tür steht „Privat". Das Zimmer ist so klein, dass sie stehen müssen.

„Was machen wir hier?", fragt Susan.

KAPITEL 3

„Wir verstecken uns[1]. Dann gehen wir in den Saal zurück und gucken uns die Marionette an.“

„Zurück? Und wann?“

„Wenn sie alle weg sind natürlich.“

Ab und zu macht Patrick die Tür auf und guckt auf den Korridor.

Es ist halb acht. Patrick macht die Tür auf.

„Jetzt können wir gehen“, sagt er. „Alle sind weg.“

„Ich höre Stimmen“, sagt Susan. „Bist du sicher, dass sie alle weg sind?“

„Ja, die Stimmen kommen vom Hof“, erklärt Patrick. „Im Hof ist ein Marionettenschauspiel.“

„Können wir es sehen?“

„Nein, Susan. Wir wollen die Marionette von Nahem sehen. Gehen wir in den Saal zurück!“

„Schade“, sagt Susan.

„Wir können nächste Woche das Marionettenschauspiel sehen!“

Patrick nähert sich der Marionette, er nimmt sie und betrachtet sie, aber ein Alarm läutet.

„Nein!“, ruft der Junge aus.

„Was machen wir jetzt?“, fragt Susan erschrocken.

„Jetzt gehen wir aus dem Museum. Schneeell!“

Susan und Patrick laufen zu den Treppen. Im Garten sind alle in Panik. Einige rufen: „Feuer Feuer!“

Susan und Patrick sind jetzt in der Halle. Hier treffen sie den Museumsdirektor, den amerikanischen Sammler, und seine zwei Kumpel.

„Was macht ihr hier?“, fragt der Direktor. „Und warum habt ihr die Marionette genommen?“

1. **sich verstecken**: an einen Ort gehen, an dem andere einen nicht finden können.

„Ihr? Schon wieder?“, ruft John Mitchell. „Gebt mir sofort die Marionette!“

John Mitchell sagt etwas, aber die zwei hören ihn nicht. Sie laufen weg. Die zwei Kumpel von John Mitchell folgen Patrick und Susan.

Sie kommen zu einer engen Gasse.

„Schnell“, schreit Patrick. „Hier in diese Gasse.“

Susan versteht nicht. „Gasse?“, fragt sie. „Was ist eine Gas...?“

„Gasse. Ich erkläre es dir später. Schnell, schnell.“

Sie laufen und laufen. Patrick kennt sich in der Stadt sehr gut aus und schafft es, die Amerikaner hinter sich zu lassen.

Jetzt sind sie in der Straße in der Nähe vom Restaurant von Patricks Vater.

„Was machen wir jetzt?“, fragt Susan.

„Wir gehen in meine Wohnung.“

Sie gehen in die Wohnung. Sie ist leer, denn Patricks Eltern sind ins Stadion gegangen.

„Sagst du mir jetzt, was eine Gasse ist?“, fragt Susan noch mal.

„Gasse? Oh ja, natürlich. Es ist eine kleine, enge Straße.“

Die Kumpel von John Mitchell sind jetzt ins Museum zurückgegangen.

„Es tut uns Leid, wir haben die zwei nicht mehr gefunden“, sagen sie zu John Mitchell.

Der Mann wird böse. „Das ist ein großes Problem“, ruft er aus. „Das ist... Aber nein! Nein, das ist kein Problem.“ Er lächelt.

„Warum ist es kein Problem mehr, John?“, fragt einer von den Männern.

„Denn ich kenne den Namen von dem Jungen. Er hat seinen Namen gesagt hat, als er im Labor war: Patrick Weiss.“

„Es wird nicht schwer sein, dich zu finden“, sagt John Mitchell. „Patrick Weiss.“

Was steht **im Text?**

Textverständnis

1 Lies das Kapitel und beantworte folgende Fragen.

1 Warum gehen Patrick und Susan ins Museum zurück?
2 Ist das Museum geöffnet?
3 Gehen Patrick und Susan mit den anderen Besuchern zum Ausgang?
4 Was passiert im Hof?
5 Warum läutet der Alarm?
6 Warum können die Kumpel von John Mitchell Patrick und Susan nicht wiederfinden?
7 Wo verstecken sich Patrick und Susan?
8 Warum wird John Mitchell plötzlich ruhig?

Leseverständnis

2 Verbinde jede Beschreibung mit dem richtigem Bild.

a Der Hafen von Hamburg ist der wichtigste und größte Seehafen Deutschlands und unter den zwanzig größten Containerhäfen weltweit.
b Felix Mendelssohn-Bartholdy war ein deutscher Komponist, Pianist und Organist. Er ist einer der wichtigsten Musiker der Romantik.
c Dieser Fluss entspringt in Tschechien, fließt durch Deutschland und mündet in die Nordsee.
d Das Landeswappen zeigt auf rotem Grund eine Burg. Das ist eine weiße Burg mit geschlossenem Tor.

1

2

3

4

Grammatik

Die Uhr

00:00 / 24:00	Es ist Mitternacht. / Es ist zwölf Uhr.
01:00	Es ist eins.
02:20	Es ist zwanzig nach zwei.
03:15	Es ist fünfzehn nach drei / Viertel nach drei.
04:30	Es ist halb fünf.
05:35	Es ist fünfundzwanzig vor sechs.
06:45	Es ist Viertel vor sieben.
12:00	Es ist Mittag. / Es ist zwölf Uhr.
13:00	Es ist ein Uhr.
14:40	Es ist zwanzig vor drei.

Man sagt auch: *früh / spät sein*

3 Wähle die richtige Lösung.

1 Patrick muss um halb neun seine Eltern anrufen. Es ist 20:25.
- a ☐ Er muss noch fünf Minuten warten.
- b ☐ Er hat noch viel Zeit.
- c ☐ Er hat vergessen es zu machen.

2 Das Museum macht um zwanzig vor sieben zu. Es ist 18:35.
- a ☐ Es ist noch geöffnet.
- b ☐ Es ist geschlossen.
- c ☐ Es macht in fünf Minuten auf.

3 Patrick hat einen Termin um Viertel vor zwei. Es ist 13:50. Er ist
- a ☐ zu spät.
- b ☐ zu früh.
- c ☐ pünktlich.

4 Es ist Viertel vor acht. In fünfzehn Minuten ist es
- a ☐ fünf vor sieben.
- b ☐ acht Uhr.
- c ☐ neun Uhr.

Wortschatz

4 Finde im Kapitel die Wörter oder Ausdrücke zu jeder Bezeichnung.

Freunde → Kumpel

1 Das Gegenteil von Eintritt ....
2 Leute, die das Museum besuchen ....
3 Das Gegenteil von „leicht" ....
4 Eine sehr enge Straße ....
5 Das Gegenteil von „langsam" ....
6 Öffnen ....
7 Angst haben ....

5 Ergänze die Tabelle mit den Wörtern.

Wärter – Platz – Gasse – Sammler – Skulptur
Ausgang (2) – Eintritt (2) – Menu – Kellner – Gast
Ausstellung – Eintrittskarte – Abendessen – Bürgersteig

Museum	Restaurant	Straße

Hörverständnis

6 Höre die Bezeichnungen und kreuze die richtigen Vokabel an.

1 a ☐ Gasse b ☐ Platz
2 a ☐ Mandel b ☐ Mädchen
3 a ☐ Geschäft b ☐ Kneipe
4 a ☐ Panik b ☐ Panne
5 a ☐ Schauspiel b ☐ Spiel

Schreiben

FIT 1 **7** **Du bekommst von einem Freund/einer Freundin diese E-Mail. Schreib zu jedem Punkt mindestens einen Satz.**

Unbenannt - Nachricht

Datei Bearbeiten Ansicht Einfügen Format Extras Verfassen ?

Senden

Nachricht | Optionen

Von... stefan.schwarz@mail.com

An...

Cc...

Betreff: Kino

Hallo,

wie geht's? Du, ich will am Samstag mit meinen Freunden aus dem Sportverein ins Kino. Ich weiß, dass du ein Kinofanatiker bist: Was läuft gerade Schönes? Kannst du mir einen coolen Film empfehlen?

Danke dir.

Bis bald,

Stefan

P.S. Möchtest du mit uns mitkommen? Meine Clique vom Verein ist super!

Unbenannt - Nachricht

Datei Bearbeiten Ansicht Einfügen Format Extras Verfassen ?

Senden

Nachricht | Optionen

Von...

An... stefan.schwarz@mail.com

Cc...

Betreff: Kino

Hafen Der Hansestadt Hamburg, Miniatur des 15. Jahrhunderts.

Die Geschichte *Hamburgs*

Die „Hanse“ war eine mittelalterliche Vereinigung oder ein Städtebund von Kaufleuten. Sie handelten in der Zeit zwischen dem 12. und dem 16. Jahrhundert mit vielen anderen europäischen Städten.

Die Produkte waren hauptsächlich: Getreide, Tücher, Pelze, Heringe, Gewürze, Holz und Metalle.

Wegen der Lage von Hamburg an Alster und Elbe spielte Hamburg in der Hanse und in den Handelsbeziehungen eine sehr wichtige Rolle. Im 14. Jahrhundert wurde Hamburg zum wichtigsten Mitglied der Hanse.

Klaus Störtebeker, der Pirat

1401 wurde im Kampf gegen die Seeräuberei der bekannteste Pirat der Zeit, Klaus Störtebeker, hingerichtet.
Man sagt, dass er mit abgeschlagenem Kopf an einer Reihe seiner Piraten vorbeilief, um sie so begnadigen zu lassen.

Das Wachstum der Stadt

Die zweite Hälfte des 14. Jahrhunderts war für Hamburg eine schwierige Zeit. Die Pest verbreitete sich in ganz Deutschland und erreichte auch Hamburg: Mehr als 6.000 Menschen starben.
1510 wurde Hamburg „Freie Hansestadt" und erster Freihafen Europas.
1558 eröffnete Hamburg die erste deutsche Börse. In dieser Zeit hatte die Stadt 20.000 Einwohner. Nach der Entdeckung von Amerika und des Seewegs nach Asien wurde Hamburg (ab 1550) zu einem der wichtigsten Einfuhrhäfen Europas.
Hamburg blieb in den folgenden Jahrhunderten eine reiche Stadt.

Der große Brand

Von 1806 bis 1814 besetzten napoleonische Truppen Hamburg.
Im 19. Jahrhundert geschah eines der wichtigsten (und dramatischten) Ereignisse der Stadt: Der große Brand, der 1842 die Hälfte der Altstadt zerstörte. 20.000 Menschen hatten kein Haus mehr. Diese Katastrophe hatte aber auch Vorteile: Hamburg wurde neu aufgebaut.

Die Kirche Sankt Petri fällt dem großen Brand zum Opfer.

Einweihung des Nordostseekanals, 1895.

Tor zur weiten Welt

in der zweiten Hälfte des 19. Jahrhunderts fuhren mehr als fünf Millionen Menschen von Hamburg ab und wanderten in viele Länder der Welt aus. Mit der Zunahme vom Welthandel musste Hamburg seine Hafen- und Lagerkapazitäten weiter ausbauen. Die Schaffung des Freihafens (1888) machte Hamburg zu einem der weltgrößten Lager für Kaffee, Kakao, Gewürze und Teppiche.
Der Bau des Nordostseekanals (1895) erhöhte die Attraktivität vom Hafen noch mehr. Jetzt gab es eine direkte, schnelle Verbindung zum Ostseeraum.

1 Beantworte die folgenden Fragen.

1 Was war die „Hanse“?
2 Wo handelten die Kaufleute?
3 In welchen Jahrhunderten?
4 Was waren die Produkte?
5 Wann wurde Hamburg zum wichtigsten Mitglied der Hanse?
6 Wer war Klaus Störtebeker?

2 Wähle die richtige Alternative.

1 In der zweiten Hälfte vom 14. Jahrhundert starben 6.000 Menschen
- a ☐ wegen eines Kriegs.
- b ☐ wegen einer Seuche.
- c ☐ wegen eines Brands.

2 1510 wurde Hamburg
- a ☐ ein freies Land.
- b ☐ eine freie Stadt.
- c ☐ eine Republik.

3 Hamburg wurde einer der wichtigsten Einfuhrhäfen Europas
- a ☐ nach dem Hundertjährigen Krieg.
- b ☐ nach der Entdeckung Amerikas.
- c ☐ nach der Gegenreform.

3 Richtig oder falsch?

		R	F
1	Hamburg wurde am Anfang des 19. Jahrhunderts von napoleonischen Truppen besetzt.	☐	☐
2	Der große Brand zerstörte die ganze Altstadt.	☐	☐
3	Nach dem Brand wurde Hamburg wiederaufgebaut.	☐	☐
4	In der zweiten Hälfte des 19. Jahrhunderts fuhren zwei Millionen Menschen von Hamburg ab.	☐	☐
5	Alle wanderten nach Amerika aus.	☐	☐
6	In den letzten Jahren des 19. Jahrhunderts wurde der Hafen von Hamburg kleiner.	☐	☐

Vor dem **Lesen**

1 Verbinde die Wörter mit den Bildern.

a Portemonnaie
b Lupe
c Pappe
d Schere
e Falltür
f Keller
g stehlen
h stecken

1

2

3

4

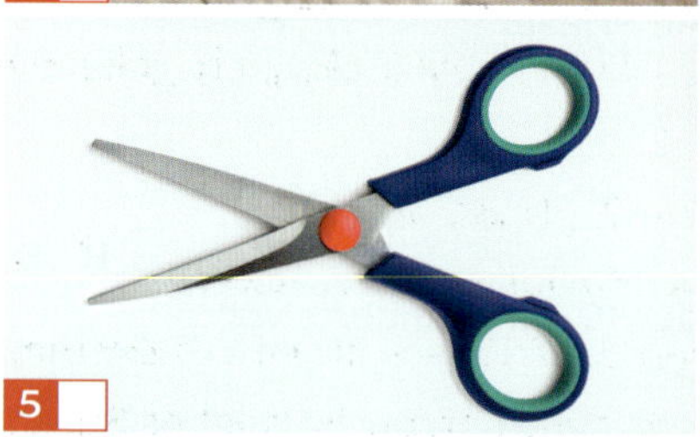
5

6

7

8

KAPITEL 4

Im Keller

Susan und Patrick sind noch in Patricks Wohnung.

„Ich habe nicht so richtig verstanden, was passiert ist", sagt Susan. „Es ist alles so schnell gegangen. Warum hast du Otto gestohlen?"

„Ich habe ihn nicht gestohlen", erklärt Patrick. „Ich gebe die Marionette zurück."

„Gehen wir noch mal ins Museum?", fragt Susan.

„Nicht jetzt. Ich will mir erst die Marionette angucken."

Patrick legt die Marionette auf den Schreibtisch in seinem Zimmer. Dann nimmt er ein Foto aus seinem Portemonnaie. Er zeigt es Susan.

„Siehst du es?", fragt er. „Das Kind hier... das bin ich, als ich sechs Jahre alt war, und dieser Herr neben mir ist Papa Schmidt. Er hat Otto in der Hand."

Patrick nimmt eine Lupe und beobachtet die drei Marionetten: die Marionette im Museum, die im Labor von Papa Schmidt und die vom Foto.

Dann sagt er:

„Der Kopf im Museum ist eine Kopie. Der richtige Kopf der Marionette ist der Kopf im Labor."

„Woher weißt du es?"

„Durch Details: Augen, Haare, die Nase... Das sind kleine Details, aber ich kenne die Marionette gut, ich weiß, wovon ich spreche."

Susan nimmt die Lupe und beobachtet den Kopf.

„Ich sehe nichts", sagt sie. „Du bist wirklich ein Spezialist."

„Danke."

„Glaubst du, es war John Mitchell?"

„Ich bin mir sicher, dass es er war. Aber ich verstehe nicht warum. Warum hat er Kopien der Marionette gemacht? Ich bin mir sicher, dass er an den Marionetten gar nicht interessiert ist."

„Ja, ich glaube, du hast Recht."

Susan hat die Marionette in der Hand.

„Darf ich mit der Marionette spielen?", fragt sie.

„Ja, aber sei vorsichtig!", sagt Patrick.

Susan versucht die Hand in die Marionette zu stecken, aber sie schafft es nicht. Patrick lächelt.

„Warte mal! Ich zeige es dir." Er versucht es, aber er schafft es auch nicht.

„Das ist aber komisch! Guck mal! Der Kopf ist von einem Stück Pappe blockiert."

Patrick schneidet die Pappe mit der Schere ab, entfernt den Kopf und etwas fällt auf den Tisch. Es ist ... ein Diamant, ein großer Diamant: der Wunderbare!

„Der Wunderbare!", ruft Patrick aus. „Ich kann es nicht glauben."

Patrick nimmt den Diamanten in die Hand.

„Er ist wirklich ... wunderbar."

„Ja", sagt Susan. „Wunderbar. Und wir haben ihn gefunden."

„Glaubst du, dass John Mitchell den Diamanten gestohlen hat?", fragt Susan.

„Ja, ich bin mir sicher. Er hat den Diamanten gestohlen und hat die Marionette gekauft, um den Diamanten zu verstecken."

„Was willst du jetzt machen?"

„Meinen Freund, den Kommissar, anrufen", sagt Patrick. Er nimmt sein Mobiltelefon und ruft den Kommissar an.

„Hallo."

„Ich bin Patrick, Herr Kommissar."

„Pat... was? Ich höre so schlecht."

„Patrick Weiss."

„Oh ja, Patrick. Ich... sehr schlecht. Ich bin in einem Tunnel. Ich gehe ... Museum ... Ich..."

„Hallo, hallo. Ich höre nichts mehr", sagt Patrick. Er macht das Mobiltelefon aus.

„Oh nein", ruft Susan. „Guck mal aus dem Fenster! Die Kumpel von John Mitchell sind hier."

„Hier wo?"

„Hier im Hof der Gebäude gegenüber."

„Glaubst du, sie sind uns gefolgt?"

„Nein, sie sind uns nicht gefolgt, da bin ich sicher. Wir müssen weg."

„Weg, wohin?"

„Wo sie uns sicherlich nicht suchen. Ins Labor von Papa Schmidt. Da können wir mehr Beweise[1] finden."

1. **Beweis**: ein Gegenstand, der zeigt, das etwas wirklich so ist.

„Ist das aber nicht gefährlich?"

„Nein, Susan. Hab Vertrauen[2]. Bis jetzt ist alles gut gegangen, oder?"

„Mehr oder weniger."

„Und wir haben den Diamanten gefunden."

Patrick steckt die Marionette und den Diamanten in die Tasche.

Susan und Patrick gehen durch die Hintertür aus der Wohnung.

Sie gehen durch die Gasse und kommen zur Straße. Die Komplizen von John Mitchell haben sie nicht gesehen. Um ins Labor von Papa Schmidt einzutreten, gehen Patrick und Susan durch einen Keller. Der Keller ist durch eine Falltür mit dem Labor verbunden. Die Falltür befindet sich unter dem Tisch.

Susan hat ein bisschen Angst. Aber sie folgt ihrem Freund im dunklen Zimmer.

„Mach dir keine Sorgen!", sagt Patrick. „Wir bleiben nicht lange hier. Der Kommissar ruft mich sicher noch einmal an."

Jetzt hören Susan und Patrick die Stimme von John Mitchell. Susan versucht zu verstehen was er sagt, aber er spricht zu leise. Patrick schiebt ganz langsam die Falltür auf.

„Jetzt höre ich ihn", sagt Susan. Er telefoniert mit seinen Komplizen.

„Ihr müsst den Diamanten so früh wie möglich finden. Die Sammlung muss morgen früh in die USA fliegen", sagt John Mitchell, und Susan wiederholt Patrick, was John Mitchell sagt.

„Ah", ruft Patrick aus und in diesem Moment knarrt[3] die Falltür. John Mitchell spricht jetzt nicht mehr. Patrick hält die Luft an.

2. **Vertrauen haben**: sich auf jemanden verlassen; glauben, dass jemand ein Problem lösen kann.

3. **knarren**: ein besonderes Geräusch machen.

John Mitchell legt einige Minuten später den Telefonhörer auf, steht auf und geht aus dem Labor heraus.

„Er ist endlich weggegangen. Ich konnte die Falltür nicht mehr halten“, ruft Patrick aus.

„Und jetzt?“

„Jetzt sind wir sicher, dass John Mitchell schuldig ist. Er ist ein falscher Sammler, aber ein wahrer Dieb.“

„Rufst du noch einmal den Kommissar an?“

„Ja, das ist eine gute Idee.“

Patrick nimmt das Mobiltelefon, aber es gibt keine Verbindung .[4]

„Wir müssen hier raus“ sagt der Junge.

„Gut, ich mag den Keller auch gar nicht.“

In diesem Moment hören die zwei die Stimme von John Mitchell.

„Guck mal wen wir hier haben! Oh ja, ich habe die Falltür gehört. Ihr seid keine guten Spione...“

Susan und Patrick haben große Angst, aber sie können nicht weglaufen. Die Kumpel von John Mitchell halten sie fest.

„Ihr müsst keine Angst haben“, sagt John Mitchell. „Ich bin froh, euch zu sehen. Ich weiß, dass ihr etwas von mir habt.“

4. **Verbindung**: der Zustand, dass zwei Personen per Telefon kommunizieren können.

Was steht **im Text?**

Textverständnis

1 Lies das Kapitel und bringe die Ereignisse in die richtige Reihenfolge.

- a ☐ John Mitchell findet Patrick und Susan im Keller.
- b ☐ Der Diamant war im Kopf von einer Marionette.
- c ☐ Patrick zeigt Susan ein Foto.
- d ☐ Patrick ruft den Kommissar an. Dann gehen Patrick und Susan aus der Wohnung.
- e ☐ Patrick versteht, dass der Kopf von der Marionette im Museum nur eine Kopie ist.
- f ☐ Patrick kann nicht anrufen. Im Keller gibt es keine Verbindung.
- g ☐ Patrick und Susan verstecken sich im Keller unter dem Labor von Papa Schmidt.

2 Verbinde.

1	☐	Patrick schneidet die Pappe	a	mit seinem Handy an
2	☐	Auf dem Foto sieht man Papa Schmid	b	mit einer Pistole
3	☐	Susan spielt	c	mit der Lupe
4	☐	Patrick beobachtet Otto	d	mit der Schere
5	☐	John Mitchell bedroht Susan und Patrick	e	mit der Marionette
6	☐	Patrick ruft den Kommissar	f	mit Otto

Hörverständnis

3 Welches Wort hörst du? Kreuze an.

1	☐	sprichst	☐	nimmst
2	☐	gehört	☐	gemocht
3	☐	keinen Morgen	☐	keine Sorge
4	☐	transportiert	☐	telefoniert
5	☐	Keller	☐	Kellner
6	☐	Automobil	☐	Mobiltelefon

Wortschatz

FIT 1 **4 Schreibe das richtige Wort zu jeder Bezeichnung.**

Küche – Lampe – Keller – Badezimmer – Wohnzimmer
Schlafzimmer – Dachboden – Teppich – Fenster – Dach

1 Das Zimmer, wo man kocht. ....
2 Ein kaltes Zimmer. ....
3 Hier gibt es ein Bett. ....
4 Unter dem Dach. ....
5 Ohne das ist alles dunkel. ....
6 Man hat eins über dem Kopf. ....
7 Hier duscht man. ....
8 Hier sitzt man mit Freunden. ....
9 Es gibt Licht. ....
10 Es liegt auf dem Boden. ....

Grammatik

Der Imperativ

Guck mal!
Mach dir keine Sorgen!
Hab Vertrauen!

Der Imperativ der 2. Person Singular wird auf diese Weise gebildet:
gehen → geh(e)!
Ohne Personalpronomen.

Verben wie *essen / treffen* folgen einer anderen Regel:
essen → iss
treffen → triff

Sein
Ein Sonderfall ist der Imperativ des Verbs *sein*:
sein → sei

Trennbare Verben

Das Präfix steht am Ende des Satzes.

aufstehen → steh auf
Steh nicht spät auf!

5 Setze diese Verben in die Form des Imperativs der 2. Person Singular.

Spielen → Spiel!

1 kommen ....
2 gehen ....
3 trinken ....
4 sprechen ....
5 anrufen ....
6 helfen ....
7 treffen ....
8 weggehen ....

6 Setze die Verben von der Liste in der Singularform des Imperativs ein.

sein – essen – treffen – anrufen – spielen – machen

Deutsch / lernen → Lern Deutsch.

1 .... die Hausaufgaben!
2 .... nicht mit der Marionette!
3 .... vorsichtig!
4 .... den Apfel. Er ist gut!
5 .... deine Freunde. Sie warten auf dich!
6 .... deinen Vater .... Er will von dir hören!

Schreiben

7 Was passiert im Kapitel 5? Schreibe die Fortsetzung der Geschichte.

Sylt, die magische Insel

Sylt ist mit 99 km² die größte der Nordfriesischen Inseln.
Sie befindet sich in Nord-Süd-Richtung vor der Nordseeküste im Land Schleswig-Holstein.
Diese Insel ist vor allem für ihre Kurorte und für den 40 Kilometer langen Weststrand bekannt. Sie ist 37 Km lang und maximal 13 km breit. An ihrer engsten Stelle ist sie jedoch weniger als einen Kilometer breit.

Seit 1927 ist Sylt über den Hindenburgdamm mit dem Festland verbunden.
Sylt ist eine wunderschöne Insel: Sie hat einen langen Sandstrand mit Dünen, schöne natürliche Orte, kleine Wälder und Weide.
Sylt ist aber nicht nur Natur. Auf der Insel gibt es viele Geschäfte, Hotels, Restaurants…

Der Hindenburgdamm.

Viele fahren nicht nur im Sommer, sondern zu jeder Jahreszeit nach Sylt. Die Insel hat von Herbst bis Frühjahr einen ganz anderen Charme.

Typisch Sylt

Typisch für Sylt sind:

- Die Leuchttürme: Sie sind das Wahrzeichen von Sylt.
  Es gibt fünf Leuchttürme auf dieser Insel. Sie sind im Norden und im Süden und in der Inselmitte.

- Die Strandkörbe: Sie sind das inoffizielle Inselwahrzeichen.

  In Italien, Frankreich und Spanien gibt es „ombrelloni" (große Schirme), an den Stränden auf Sylt gibt es Strandkörbe. Sie schützen vor der Sonne, vor dem Wind und Regen. Man kann im Korb auch picknicken. Es gibt 12.000 Strandkörbe auf der Insel!

- Reetdachhäuser: Diese Häuser haben spezielle Dächer. Sie halten das Haus im Winter warm und im Sommer kühl. Sie sind nicht nur nützlich, sondern auch wunderschön.

  Im 18. Jahrhundert beginnt man, Reetdachhäuser auf der Insel zu bauen. Stein und Kalk kommen aus dem Ausland, Reet von der Insel. Damals gab es viel Reet auf der Insel. Heute nicht mehr.

- Das Biikebrennen am 21. Februar ist der Nationalfeiertag von Sylt. Die Feuer erinnern an germanische Bräuche und an die Verabschiedung der Walfänger. Biikebrennen ist, wie der Petritag (am 22. Februar), ein wichtiger Feiertag für die Inselfriesen.

1 Ergänze.

Schleswig-Holstein – Dünen – Festland – Kurorte – 99 km²

Sylt ist mit (**1**) .... die größte der Nordfriesischen Inseln

Sie liegt in Nord-Süd-Richtung vor der Nordseeküste im Land (**2**) ....

Diese Insel ist vor allem für ihre (**3**) .... und für den Weststrand bekannt. Sie ist 37 km lang und maximal 13 km breit.

Seit 1927 ist Sylt über den Hindenburgdamm mit dem (**4**) .... verbunden.

Sylt ist eine wunderschöne Insel: Sie hat einen langen Sandstrand mit (**5**) .... , schöne natürliche Orte, kleine Wälder und Wiesen.

FIT 1 **2 Richtig oder falsch?**

		R	F
1	Auf Sylt gibt es viele Geschäfte, Hotels, Restaurants.		
2	Die Hotels auf der Insel sind nur im Sommer geöffnet.		
3	Es gibt fünf Leuchttürme auf Sylt.		
4	Sie funktionieren nicht mehr.		
5	Nur im Winter braucht man die Strandkörbe.		
6	Es gibt tausende Strandkörbe auf Sylt.		
7	Die Häuser mit Reetdächern haben einen großen Garten.		
8	Das Biikebrennen ist am 22. Februar.		

Vor dem **Lesen**

1 Verbinde Wort und Bild.

a Torhüter
b Handy
c Hände fesseln
d Diebe
e gefangen halten
f Kiste

1 ☐

2 ☐

3 ☐

4 ☐

5 ☐

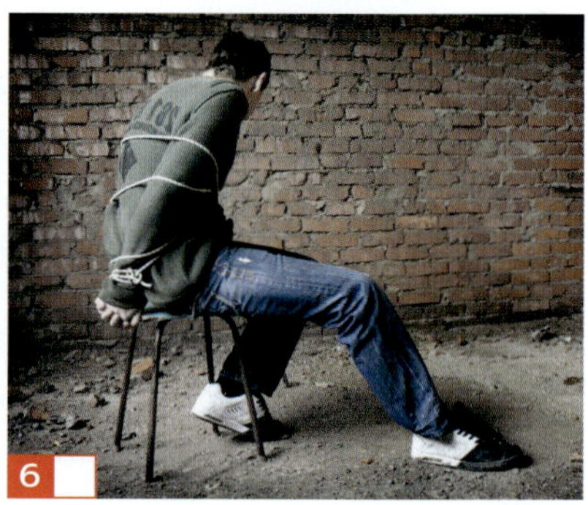
6 ☐

KAPITEL **5**

Im Labor

Es ist elf Uhr. Patrick und Susan sind seit über zwei Stunden im Labor. Sie werden von John Mitchell gefangen gehalten.

John Mitchell hat jetzt den Diamanten, und seine Komplizen packen die Marionetten ein, um sie in die USA zu schicken. Patricks und Susans Füße und Hände sind gefesselt. Sie können nichts machen. Nur sich angucken und ... Fragen stellen.

„Warum haben Sie die Marionetten gekauft?", fragt Patrick. „Ich bin mir sicher, dass sie keine Sammler sind."

Patrick weiß schon die Antwort auf diese Frage, aber er will sie vom Amerikaner selbst hören.

„Eigentlich habe ich Glück gehabt", sagt John Mitchell. „Ich habe den Diamanten im Museum gesehen und gleichzeitig war die Sammlung von Papa Schmidt zu verkaufen. Ich habe gedacht: ‚Ich kann die Sammlung von Marionetten kaufen und den Diamanten im Kopf von einer Marionette verstecken. Wer wird die Kisten mit den Marionetten kontrollieren? Kein Mensch!'"

„Aber Otto war in einer Ausstellung! War das nicht riskant?“, fragt Patrick noch.

„Ja, natürlich. Aber es war meine einzige Chance. Außerdem habe ich den Kopf von der Marionette kaputt gemacht, als ich den Diamanten drin versteckt habe.“

„ Deshalb haben sie eine Kopie davon gemacht!“, sagt Patrick.

„Ja, und keiner hatte das gesehen. Nur du… „

„Und jetzt? Was wollen Sie machen?“, fragt Susan. Sie ist ganz blass. Sie hat schreckliche Angst.

„Das ist eine gute Frage“, sagt John Mitchell. „Ich weiß nicht, aber es ist klar, dass ihr zu viel wisst. Ich kann euch nicht freilassen.“

Jemand klopft an die Tür. Die zwei Komplizen vom Amerikaner tragen Patrick und Susan ins Zimmer nebenan.

„Wer ist da?“, fragt John Mitchell.

„Horst Schulz, der Kommissar. Entschuldigung, ich weiß, dass es spät ist. Ich habe aber gesehen, dass Licht an war.“

John Mitchell macht die Tür auf.

„Guten Abend, Herr Kommissar. Entschuldigung, aber ich habe nicht viel Zeit. Wir bereiten die Kisten für morgen vor.“

„Richtig, wir haben die Marionette gefunden…“

„Ja, die Diebe haben Angst bekommen und haben sie auf der Straße gelassen. Wir haben Glück gehabt.“

„Die Diebe … Der Direktor hat gesagt, sie waren ein Junge und ein Mädchen. Nicht älter als fünfzehn.“

„Ja, genau. Ein Junge und ein Mädchen. Wir haben sie in der Halle vom Museum gesehen.“

„Ja gut, dann…“ Der Kommissar unterbricht sich. Er hat Geräusche gehört. Sie kommen aus dem Zimmer nebenan. „Haben Sie das gehört?“, fragt er.

„Nein, was?“, fragt John Mitchell.

FRAGILE

„Ich weiß nicht... ich habe..."

„Entschuldigung, Herr Kommissar", sagt John Mitchell. „Ich muss mich beeilen. Mein Flugzeug fliegt morgen in die USA und wir haben noch viel zu tun."

„Ja, natürlich. Auf Wiedersehen und gute Reise."

„Auf Wiedersehen, Herr Kommissar."

Der Kommissar ist im Auto, als er sich erinnert, dass er etwas machen muss: Patrick anrufen. Er hat Patrick noch nicht zurückgerufen.

„Es ist spät", denkt er. „Aber vielleicht ist es wichtig."

Das Mobiltelefon von Patrick klingelt. John Mitchell nimmt es und guckt auf den Schirm.

„Es ist der Kommissar. Warum ruft er dich an?", fragt er Patrick.

„Ich weiß es nicht", antwortet der Junge. „Horst ist ein Familienfreund. Vielleicht will er mich nur fragen, wie es mir geht."

„Antworte und sag ihm, dass du bei einem Freund schläfst", sagt John Mitchell. „Und pass auf! Sag nichts Falsches!"

Patrick spricht am Telefon. „Hallo", sagt Patrick.

„Hallo, der Kommissar Horst Schulz hier. Ich weiß, es ist spät. Aber ich hatte vergessen dich zurückzurufen. Was wolltest du mir sagen?"

„Ich... ich bin bei meinem Freund, Fred Schmidt. Ich schlafe heute Abend hier. Ich war gestern im Stadion. Ich wollte über das Fußballspiel sprechen."

Der Kommissar versteht nicht.

„Der Hamburger Sportverein hat dieses Mal nicht gewonnen", sagt Patrick. „Sie haben sehr schlecht gespielt, sehr schlecht. Nur der Torhüter war gut. Aber leider bleibt der beste Spieler nicht. Er fährt morgen weg, er fliegt morgen in ein anderes Land. Schade!"

„Ah... aber was...?"

John Mitchell signalisiert Patrick, er soll aufhören zu sprechen.

„Na gut, jetzt gehe ich schlafen. Gute Nacht."

Was steht **im Text?**

Textverständnis

1 Ergänze die Zusammenfassung vom Kapitel mit den folgenden Wörtern.

die Tür – Geräusche – auf dem Flughafen
den Diamanten – die Sammlung – seine Komplizen
im Auto – Patrick – Fußballspiel

John Mitchell und (**1**) .... haben die Hände von Susan und (**2**) .... gefesselt. John Mitchell sagt ihnen, warum er (**3**) .... von Papa Schmidt gekauft hat. Er wollte sie nicht haben. Er wollte (**4**) .... aus dem Land bringen. Er denkt, dass keiner (**5**) .... die Marionetten kontrollieren würde. Als der Kommissar an (**6**) .... klopft, tragen die zwei Komplizen von John Mitchell Susan und Patrick ins Zimmer nebenan. Der Kommissar hört (**7**) .... Sie kommen aus dem anderen Zimmer.

Sobald der Kommissar (**8**) .... ist, ruft er Patrick an. Er erzählt ihm vom (**9**) ...., aber der Kommissar versteht nicht, dass er etwas anderes sagen will.

2 Wer versteckt sich hinter jedem Satz?

1 Sie packen die Marionette ein. ....
2 Er hat den Kopf von der Marionette kaputt gemacht. ....
3 Er schafft es nicht, den Diamanten zu finden. ....
4 Sie will wissen, was John Mitchell mit ihnen machen will. ....
5 Patrick denkt, dass sie sehr schlecht gespielt haben. ....
6 Er hat den Diamanten im Kopf von der Marionette versteckt. ....

Wortschatz

FIT 1 **3 Verbinde jedes Adjektiv mit dem Gegenteil.**

1 ☐ falsch — a frei
2 ☐ schlecht — b gut
3 ☐ gefangen — c spät
4 ☐ früh — d wahr

FIT 1 **4 Verbinde jedes Verb mit dem Gegenteil.**

1 ☐ bleiben — a verkaufen
2 ☐ anfangen — b weggehen
3 ☐ verlieren — c aufhören
4 ☐ kommen — d gewinnen
5 ☐ vergessen — e fahren
6 ☐ kaufen — f sich erinnern

5 Wähle das richtige Wort.

1 Die Amerikaner halten Patrick und Susan
a ☐ gefangen. b ☐ getragen.

2 Die Kumpel von John Mitchell
a ☐ packen die Marionetten ein. b ☐ räumen die Marionetten auf.

3 Patricks und Susans Füße und Hände sind
a ☐ verbunden. b ☐ gefesselt.

4 John Mitchell hat ..... gehabt.
a ☐ Glücklichkeit b ☐ Glück

5 Die Marionetten waren
a ☐ zu verkaufen. b ☐ zum Kauf.

6 Den Diamanten im Kopf von der Marionette zu verstecken war für John Mitchell die einzige
a ☐ Chance. b ☐ Ausstellung.

7 Susan hat Angst. Sie ist ganz
a ☐ kurz. b ☐ blass.

8 Patricks Mobiltelefon
a ☐ klingt. b ☐ klingelt.

Grammatik

Perfekt

Der Hamburger Sportverein hat dieses Mal nicht gewonnen.

Ich habe den Diamanten im Museum gesehen.

Auf Seite 12 hast du die Bildung vom Perfekt für die regelmäßigen Verben gesehen. Hier siehst du die Formen einiger unregelmäßiger Verben (die in diesem Buch vorkommen).

gewinnen → hat gewonnen

sehen → hat gesehen

stehlen → hat gestohlen

gehen → ist gegangen

sterben → ist gestorben

sein → ist gewesen

nehmen → hat genommen

finden → hat gefunden

fliegen → ist geflogen

fahren → ist gefahren

schreiben → hat geschrieben

lesen → hat gelesen

6 Setze die folgenden Sätze ins Perfekt.

Ich finde mein Portmonnaie nicht. →
Ich habe mein Portmonnaie nicht gefunden.

1 Er stiehlt den Diamanten.
2 Wir sehen einen Film.
3 Meine Freunde nehmen den Bus.
4 Wir gewinnen immer.
5 Wohin geht ihr?
6 Wo bist du?
7 Fliegen deine Freunde nach Australien?
8 Wir fahren nach Rom.

Gegen die Wand

Erscheinungsjahr: 2004
Regisseur: Fatih Akin (deutsch-türkisch)
Schauspieler: Cahit Tomruk und Sibell Güner

Gegen die Wand ist ein Produkt der deutschen Multikulti-Gesellschaft.
Das ist die Geschichte von zwei Deutsch-Türken. Auf der Suche nach ihrer eigenen Identität, leben sie zwischen den Traditionen ihrer Heimatkultur und dem modernen Lebenswandel in Deutschland.
Sibel, eine junge Türkin, rebelliert gegen ihr traditionelles türkisches Elternhaus. Sie möchte ihr eigenes Leben leben. Sie findet nur einen Weg: Einen türkischen Mann heiraten. Das wird aber keine richtige Ehe, sondern eine Scheinehe. Und Sibel wird sich nicht wie eine „typische" türkische Frau benehmen. Sie wird nämlich ein freies Leben führen.
Am Anfang akzeptiert der Ehemann das, aber langsam ändert sich die Situation, denn er verliebt sich in sie.
Gegen die Wand ist ein realistischer und kraftvoller Film, der die Identitätskrise einer ganzen Generation von Einwandererkindern darstellt.
Der Film hat großen Erfolg beim Publikum gehabt und hat auch einen Goldenen Bären bei den Internationalen Festspielen in Berlin gewonnen (erster deutscher Film seit 17 Jahren). Der Regisseur von *Gegen die Wand* wurde in Hamburg geboren und der Film spiert auch in Hamburg.

Die meisten Szenen spielen in der „Fabrik" in Hamburg-Altona (einem Bezirk von Hamburg) und im Hamburger Stadtteil St Pauli.
Weiterhin wird der Film in Istanbul gedreht.

Szenenfoto aus dem Film *Gegen die Wand*.

1 Wähle die richtige Lösung.

1 In *Gegen die Wand* geht es um
- a ☐ Einwanderer in Deutschland.
- b ☐ deutsche Frauen und ihre Rolle in der Gesellschaft.
- c ☐ Leute aus Italien und aus der Türkei.

2 Sibel rebelliert gegen
- a ☐ ihren Mann.
- b ☐ ihre türkischen Eltern.
- c ☐ die deutsche Gesellschaft.

3 Am Anfang akzeptiert der Ehemann es, aber dann
- a ☐ verliebt er sich in Sibel.
- b ☐ verlässt er Sibel.
- c ☐ fährt er in die Türkei zurück.

4 Der Film spielt in
- a ☐ Berlin und in Hamburg.
- b ☐ Hamburg und Paris.
- c ☐ Hamburg und Istanbul.

5 Der Film hat .... beim Publikum gehabt.
- a ☐ keinen großen Erfolg.
- b ☐ großen Erfolg

Vor dem **Lesen**

1 Verbinde Wort und Bild.

a wecken
b untersuchen
c umziehen
d abfliegen
e Stauraum
f einsteigen

1 ☐

2 ☐

3 ☐

4 ☐

5 ☐

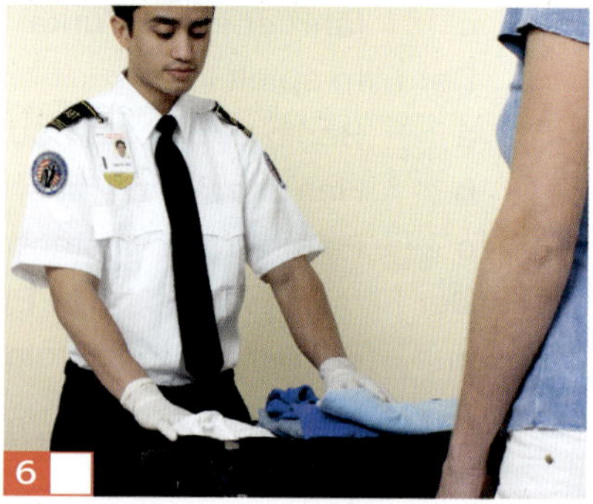
6 ☐

KAPITEL 6

Am Flughafen

Das Telefon weckt den Kommissar. „Ach... wer ruft um sechs Uhr morgens am Sonntag an?“, fragt er sich.

„Horst, hier ist Marius. Entschuldigung, ich weiß, dass es sehr früh ist.“

„Macht nichts.“

„Ich bin sehr besorgt. Patrick und seine amerikanische Freundin Susan sind gestern Abend nicht nach Hause gekommen.“

„Ah, mach dir keine Sorgen, Marius. Patrick hat mich gestern angerufen. Er war bei einem Freund, Fred Schmidt. Er hat mir auch gesagt, dass er im Stadion gewesen ist und...“

„Aber nein, Horst. Das ist nicht möglich. Patrick mag Fußball nicht, er war nicht im Stadion. Wir, meine Frau und ich, waren im Stadion. Und Fred Schmidt... er wohnt nicht mehr hier. Letztes Jahr ist er nach München umgezogen...“

„Aber...“

„Ich weiß, dass Patrick gestern ins Museum gegangen ist. Er wollte seiner Freundin Susan die Marionetten zeigen."

Der Kommissar denkt daran, was John Mitchell über die Diebe im Museum gesagt hat: ein Junge und ein Mädchen, fünfzehn Jahre alt...

„Marius, weißt du, dass dein Sohn und ihre amerikanische Freundin die Marionette im Museum gestohlen haben?"

„Aber warum? Patrick hat die Marionetten so gern."

„Vielleicht deshalb hat er die Marionette gestohlen. Seine Lieblingsmarionette fliegt jetzt in die USA. Er hat sie gestohlen, um sie zu haben."

„Aber bitte, Horst! Das ist nicht möglich. Du kennst Patrick. Er ist kein Dieb."

Marius hat Recht. Patrick ist kein Dieb. Und es ergibt keinen Sinn: Ein Dieb ruft die Polizei nicht an. Der Kommissar denkt daran, was Patrick ihm gesagt hat. Er hat über Fußball, das Flugzeug gesprochen. Und plötzlich ruft er: „Jetzt habe ich verstanden. Susan und Patrick haben den Diamanten gefunden und sie wollten es mir sagen. Ich glaube, sie sind in Gefahr."

„Aber wo sind sie?"

„Ich weiß es nicht. Sie haben von einem Flugzeug gesprochen und... Ach, ich bin so dumm! John Mitchell, natürlich, John Mitchell... Ich muss sofort zum Flughafen."

„Aber Horst..."

„Mach dir keine Sorgen um Patrick, Marius. Dein Sohn und seine Freundin werden bald zu Hause sein."

Der Kommissar ist zwanzig Minuten später auf dem Flughafen. Hier ist das private Flugzeug von John Mitchell dabei, abzufliegen.

An Bord feiert John Mitchell mit seinen Kumpeln. Plötzlich macht das Personal vom Flugzeug die Türen vom Flugzeug auf.

Der Kommissar steigt mit vier Polizisten ins Flugzeug ein.

Als er sie sieht, steht John Mitchell auf.

„Was ist los?“, schreit er.

„Die Komödie ist zu Ende“, sagt der Kommissar. „Wo sind Patrick und das amerikanische Mädchen?“

„Was sagen sie? Ich verstehe nicht.“

„Und wo ist der Wunderbare? Noch im Kopf der Marionette? Sagen Sie jetzt die Wahrheit oder nicht?“

John Mitchell versteht jetzt, das der Kommissar alles weiß. Er versteht, dass er nicht mehr lügen kann.

„Sie sind im Stauraum vom Flugzeug“, sagt er. „Wir haben ihnen nichts angetan.“

Die Polizisten untersuchen das Flugzeug. Sie finden Susan und Patrick in einer Kiste. Sie schlafen unter dem Effekt von einem Schlafmittel.

In einer anderen Kiste finden sie die Marionette und den Diamanten. Seine Untersuchung ist jetzt zu Ende.

Am selben Abend feiern Susan, Patrick und der Kommissar das Ende dieser Geschichte. Sie sind im Restaurant von Marius.

„Jetzt seht ihr alle viel besser aus“, sagt der Kommissar.

„Ja, das zeigt, dass der Fußball besser als die Marionetten ist“, sagt Marius.

„Nicht besser“, ruft Patrick, „aber vielleicht weniger gefährlich.“

„Ihr wisst, ihr bekommt jetzt viel Geld...“, sagt der Kommissar.

„Ja, 10000 Euro.“

„Und was möchtet ihr mit dem Geld machen?“

„Wir kaufen natürlich die Marionetten von Papa Schmidt!“, sagen Susan und Patrick.

Was steht **im Text?**

Textverständnis

1 Richtig oder falsch? Kreuze an.

		R	F
1	Heute fliegen die Marionetten in die USA.	☐	☐
2	Patricks Vater ist besorgt.	☐	☐
3	Patrick hat das Fußballspiel nicht gesehen.	☐	☐
4	Der Kommissar versteht alles und fährt zum Bahnhof.	☐	☐
5	John Mitchell und seine Kumpel schlafen im Flugzeug.	☐	☐
6	Die Polizisten verhaften John Mitchell.	☐	☐
7	John Mitchell sagt die Wahrheit.	☐	☐
8	Die Polizisten finden den Wunderbaren im Stauraum.	☐	☐
9	Patrick und Susan schlafen, als die Polizisten sie finden.	☐	☐

2 Wähle die richtige Lösung.

1 Wer ruft den Kommissar an?
- a ☐ Patrick.
- b ☐ Patrick und sein Vater.
- c ☐ Patricks Vater.

2 Wann?
- a ☐ Am Sonntagmorgen.
- b ☐ Am Samstagmorgen.
- c ☐ Am Sonntagnachmittag.

3 Im Flugzeug finden die Polizisten
- a ☐ den Diamanten und nichts anderes.
- b ☐ den Diamanten und Susan und Patrick.
- c ☐ Susan und Patrick, aber keinen Diamanten.

4 Am Ende vom Kapitel sind Patrick und Susan
- a ☐ bei Patrick.
- b ☐ beim Kommissar.
- c ☐ im Restaurant.

5 Susan und Patrick bekommen ...., weil sie den Diamanten gefunden haben.
- a ☐ die Marionette
- b ☐ das Geld
- c ☐ ein Flugzeug

Hörverstädnis

3 Wo kannst du das hören?

1

a

b

c

2

a

b

c

3

a

b

c

Grammatik

4 Perfekt: regelmäßige und unregelmäßige Verben. Setze die folgenden Verben ins Perfekt.

Marius geht ins Stadion. → Marius ist ins Stadion gegangen.

1 Wir schlafen zwei Stunden lang.

2 Die Polizisten steigen ein.

3 Mein Freund zieht um.

4 Dieser Mann stiehlt den Diamanten.

5 Ich denke viel.

6 Er spricht mit seinen Freunden.

5 **Setze die folgenden Verben ins Präsens.**

Ich bin bei meiner Freundin gewesen. → *Ich bin bei meiner Freundin.*

1 Sie haben von einem Flugzeug gesprochen.
2 Was hast du gemacht?
3 Ein Freund hat den Kommissar geweckt.
4 Er hat kein Deutsch verstanden.
5 Peter hat viel gelernt.
6 Sie haben zusammen gefeiert.

Wortschatz

6 **Wähle die richtige Lösung.**

1 Die Polizisten .... das Flugzeug.
a ☐ versuchen b ☐ untersuchen. c ☐ suchen

2 Er hat den Diamanten mit zwei Komplizen gestohlen. Diese zwei sind seine
a ☐ Verwandten. b ☐ Kollegen. c ☐ Komplizen.

3 Meine Uhr zeigt 17.50. Es ist
a ☐ Nachmittag. b ☐ Nacht. c ☐ Morgen.

4 Einige Leute haben alles gesehen. Sie sind
a ☐ Zeige. b ☐ Zeugen. c ☐ Typen.

5 Man findet den Diamanten im Flugzeug. Dass ist
a ☐ ein Beweis. b ☐ eine Probe. c ☐ ein Test.

6 Der Kommissar bringt John Mitchell weg. Er
a ☐ haftet. b ☐ nimmt. c ☐ verhaftet ihn.

7 John Mitchell gibt Susan und Patrick
a ☐ eine Tablette. b ☐ ein Schlafmittel. c ☐ eine Tafel.

8 Du wählst sie.
a ☐ Die Zahl. b ☐ Die Nummer. c ☐ Das Spiel.

9 „Nicht die Wahrheit sagen“ bedeutet:
a ☐ nein sagen. b ☐ lügen. c ☐ nennen.

7 **Setze das richtige Wort ein.**

Beweise – das Flugzeug – Dieb – Untersuchung

1 .... fliegt jetzt los.

2 Du hast das Geld gestohlen. Du bist ein ....

3 Der Polizist sucht ...., um den Mann zu verhaften.

4 Diese .... ist nicht erlaubt.

8 **Verbinde.**

a Fluglinie
b zollfrei
c Fahrkarte
d Fenstersitz
e Zollamt
f Gepäck
g Sitz
h Tür
g Stewardess

1

2

3

4

5

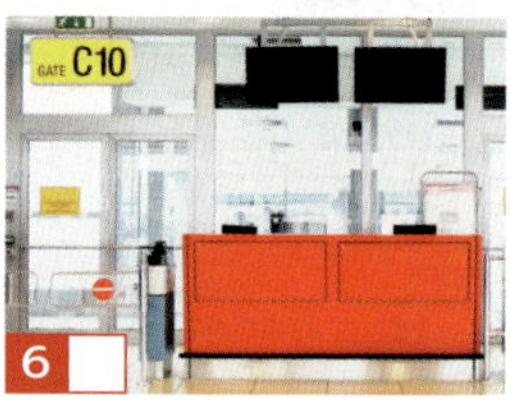

6

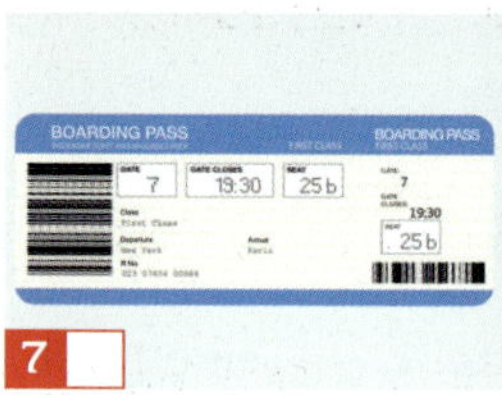

7

8

9

Sprechen

9 **Patrick und Susan bekommen Geld, weil sie den Diamanten gefunden haben. Stell dir vor, du bekommst 5000 Euro, was machst du damit?**

1 **Bringe die Ereignisse in die richtige Reihenfolge.**

2 **Bringe die Ereignisse in die richtige Reihenfolge.**

- **a** ☐ Die Polizisten steigen ein und verhaften John Mitchell.
- **b** ☐ Es gibt Alarm.
- **c** ☐ Patricks Vater ruft den Kommissar an.
- **d** ☐ Susan und Patrick essen im Restaurant von Marius. (Marius' Restaurant).
- **e** ☐ Patrick hat alles verstanden: Der Kopf von der Marionette im Museum ist eine Kopie.
- **f** ☐ John Mitchell findet Susan und Patrick im Keller.
- **g** ☐ Die Komplizen von John Mitchell halten Patrick und Susan gefangen.
- **h** ☐ Der Kommissar versteht endlich, was Patrick ihm sagen wollte.

3 Wer ist es?

Am Ende schafft er es, den Diamanten zu finden. →
Der Kommissar Horst Schulz.

1 Er sammelt Diamanten. ....
2 Sie machen, was John Mitchell ihnen sagt. ....
3 Er mag lieber Marionetten als Fußball. ....
4 Sie ist nach Hamburg gefahren, um Deutsch zu lernen.
....
5 Sein Restaurant befindet sich in der Stadtmitte.
....

4 Schreibe einen Satz über jeden Darsteller.

1 Patrick ....
2 Der Kommissar ....
3 Susan ....
4 John Mitchell ....
5 Marius ....

5 Wann passiert das?

1 Susan hat große Angst.
2 Drei Männer treten ins Labor ein.
3 Patrick isst Hamburger National.
4 Susan will mit der Marionette spielen, aber sie kann nicht.
5 Sie packen die Marionetten ein, um sie in die USA zu schicken.
6 Es gibt ein Schauspiel im Hof vom Theater.

6 Wer sagt was?

1 Dein Akzent ist jetzt sehr gut. ....
2 Ich soll weniger essen. ....
3 Das ist keine Kopie. Das ist ein Original. ....
4 Ihr dürft nicht hierbleiben. Das ist mein Labor. ....
5 Sagst du mir jetzt, was eine Gasse ist? ....

7 Beantworte folgende Fragen.

1 Was essen Susan und Patrick am Anfang der Geschichte?

....

2 Warum gibt es im Museum Alarm?

....

3 Warum laufen Susan und Patrick vom Museum weg?

....

4 Warum kann Susan mit der Marionette nicht spielen?

....

5 Warum hat John Mitchell die Sammlung von Papa Schmidt gekauft?

....

6 Warum spricht Patrick mit dem Kommissar über Fußball?

....

8 Lies die Quizfragen und kreuze an.

1 Wie heißt der Fluss der durch Hamburg fließt?

a ☐ Rhein **b** ☐ Elbe **c** ☐ Donau

2 Was ist Matjes?

a ☐ Hering **b** ☐ Forelle **c** ☐ Wal

3 Wann wird der Hafen von Hamburg sehr wichtig

a ☐ Im 12. **b** ☐ im 16. **c** ☐ im 19. Jahrhundert.

4 Wie heißt eine der wichtigsten Kirchen in Hamburg?

a ☐ St. Paul **b** ☐ St. Markus **c** ☐ St. Michaelis

5 Wie heißt der berühmte Pirat aus Hamburg?

a ☐ Störtebeker **b** ☐ Draker **c** ☐ Fahrtstrand

Hörverstandnis

12 **9 Höre jetzt wie Heike auf die Quizfragen antwortet. Hast du es richtig gemacht?**

FIT 1 10 Wähle die richtige Lösung.

1 Es ist 11:50. Es ist
- a ☐ zehn vor zwölf.
- b ☐ zehn nach zwölf.
- c ☐ fünfzig nach elf.

2 Der Perfekt von *gehen* ist
- a ☐ gegehet.
- b ☐ gegangen.
- c ☐ gehet.

3 Das Perfekt von *machen* ist
- a ☐ gemanchen.
- b ☐ gemacht.
- c ☐ machtet.

4 Der Imperativ (2. Person Singular) von *treffen* ist
- a ☐ treffe.
- b ☐ triff.
- c ☐ tref.

5 Der Imperativ von *sein* ist
- a ☐ sei.
- b ☐ seien.
- c ☐ bist.

11 Richtig oder falsch?

		R	F
1	Hamburg hat über 3,8 Millionen Einwohner.	☐	☐
2	Hamburg liegt in Norddeutschland.	☐	☐
3	Am Ende des 18. Jahrhunderts wurde der Nordostseekanal gebaut.	☐	☐
4	Der Pirat Klaus Störtebeker lebte im 15. Jahrhundert.	☐	☐
5	Sylt ist die kleinste der Nordfriesischen Inseln.	☐	☐
6	Sie liegt in der Ostsee.	☐	☐
7	Die Leuchttürme sind das Wahrzeichen von Sylt.	☐	☐
8	Die „Hanse“ ist eine mittelalterliche Vereinigung oder ein Städtebund von Kaufleuten.	☐	☐
9	Ein Franzbrötchen ist ein süßes Backwerk.	☐	☐
10	Rote Grütze ist eine Spezialität aus Norddeutschland und Skandinavien.	☐	☐